AF545960

Geest-Verlag
Verlag für engagierte Literatur

Für alle, deren inneres Kind noch immer

ein Nachtlicht braucht.

Lara L. J. Robbers

Waldbeerenweg

Lara L. J. Robbers
Waldbeerenweg
Mit Zeichnungen der Autorin
und Caroline Mezker
Geest-Verlag 2024

ISBN 978-3-86685-855-8

Verlag: Geest-Verlag
Marienburger Straße 10
49429 Visbek
Tel. 04445 3895913
www.geest-verlag.de
info@geest-verlag.de

Druck: Geest-Verlag

Printed in Germany

„Wer unsere Träume stiehlt, gibt uns den Tod.“

Konfuzius

Inhalt

Gute Stube

Frühling

Apfelrot,
Schon lange pflaumenblau,
Ersetzt das Bild von ihr
In meinen rosaroten Gedanken
Von Sonnenblumen
Und Erdbeerernte
Und rauer Rinde unter meinen Fingern;
Zu Hause zwischen Ästen und Birnen,
Dem Orchideenwald auf ihrer Fensterbank,
Malen raue Steine Narben auf meine Knie,
Halten Mauern aus Buchsbaum Kinderträume real;
Wenn neugierige Augen sich mal wieder
In Pfirsichtorte verlieren
Und kleine Herzen Flüsse weinen,
Weil Hunde nicht mehr bellen,
Hält sie bebende Schultern fest;
Sie bleibt für immer tot,
Aber Apfelrot waren die besten Tage meines Lebens.

Erinnerungen an dich

Als ich dich das letzte Mal sah,
War Frühling;
Warme Sonnenstrahlen schützten uns vor
Frischem Wind,
Der sich in meinen Haaren verfing und
An meinem Kleid zerrte;
Die ersten Krokusse blühten und der süßliche Geruch von
Omas Blumen wehte zu uns herüber;
Ich weiß noch,
Wie wir unter dem Blätterdach der Apfelbäume standen
Und wie laut dein Lächeln war,
Mein Zahnlückengrinsen breit und die Falten
Auf deiner Stirn geglättet;
Wir waren glücklich,
Erinnerst du dich?
Wir sind durch Felder gerannt und haben uns
Nicht gekümmert um
Dreckige Sonntagskleider,
Kaputte Knie oder sonst etwas auf der Welt;
Der erste Schmetterling in dem Jahr war ein Kohlweißchen,
Das weiß ich noch,
Weil du es mir beigebracht hast;
Jetzt ist Winter,
Und der Frühling ist lange her.

Gemälde

Stehen wir
Bunt bemalt,
Schlammbedeckt
Noch immer hier
Zwischen Heimat und Fernweh,
Wenn die Flut kommt und
Die Ebbe geht?
Halten wir
Laut und leise,
Angsterfüllt
Noch immer unsere Hände
Fest verankert,
Wenn der Spiegel steigt
Und droht,
Uns zu verschlucken,
Gefangen in uns selbst?
Würden unsere Schreie,
Stumm und schrill ,
Untergehen in dem, was wir sind,
Wenn das, was wir waren,
Uns nicht mehr hält, wo wir sind?
Wie meine Antwort keine,
Ist sie deine
Wie ich
Fest verankert
Immer
In dir.

Nordseewellen

Auf der Suche nach dir
Sammle ich Erinnerungen
Wie Herzmuscheln im Sand
Und finde mich wieder
Zwischen grauen Wellen und Regenwolken;
Auf der Suche nach dir
Höre ich Wasser rauschen und Stimmen rufen,
Lasse vertraute Augen wandern und finde dich
Vor mir,
Den Drachen fest in der Hand;
Ich kenne dich genau,
Die Zahnlücke,
Die man nur sieht, wenn du lachst,
Die schwarze Brille
Und die Farbe deiner Augen;
Ich kenne die Bücher,
Die du liest,
Und deine Art zu sagen,
Du hast keine Zeit dafür;
Ich kenne die vielen Blusen in deinem Schrank
Und den Fakt,
Dass du dich nicht gerne im Spiegel siehst;
Ich kenne deine Lieblingslieder
Und das Muttermal hinter deinem Ohr,
Ich kenne deine Art, Klamotten zu falten,
Und dass du immer zwei Mal abschließt;

Ich weiß,
Dass du Blau mal mochtest
Und dass du gerne malst;
Ich weiß,
Dass du stricken kannst,
Und ich weiß,
Dass du das Leben mal geliebt hast;
Ich weiß vieles,
Vor allem aber,
Dass wir früher
Dort am Meer
Glück gefunden haben.

Kind gewesen sein

Geburtstagskuchen im Bett und
Radiokonzerte am Morgen,
Jetzt ganz fern,
Bin ich
Noch immer,
Für immer
Ganz nah bei dir,
Meilenweit entfernt
Von Kindheit
Und Zukunft;
Jetzt
Träume ich
Mal wieder nur von dir
Und mir
Unterm Tannenbaum,
Zugedeckt auf dem Sofa,
Deine Stimme
Leicht,
Ein Lächeln
Ganz zart,
Ganz kurz;
Erinnerungen
Für immer,
Jetzt.

Suche nach mir, dir?

Zwischen Veilchen und hohem Gras
Wissen wir nicht mehr, wer wir sind,
Verlieren uns im seichten Wind und Sonnenstrahlen,
Suchen uns im kalten Regen;
Vogelgezwitscher und das Rauschen der Blätter,
Die Obstbäume in ihrem Garten,
Älter als du und ich,
Begleiten uns
Immer lauter,
Immer schneller,
So wie wir
Lachend in Feldern aus Mais und Grün,
Oder hoch oben auf dem Apfelbaum;
In den Tulpen auf meinem Küchentisch
Finde ich uns wieder.

Drei-Zimmer-Wohnung

Rosa Zimmer

Als ich klein war,
Wollte ich auf meinem Teppich schlafen,
Er war weicher als mein Bett
Und jede deiner Umarmungen;
Er war wie meine eigene kleine Insel im Meer,
Mein sicherer Hafen,
Weit weg von allen;
Und dir
Gebe ich noch immer die Schuld
An mir und meinen Fehlern,
Denn alles,
was ich bin,
bist du,
Und alles,
was ich tu,
ist für dich;
Deshalb habe ich nie auf meinem Teppich geschlafen,
Denn deine Wünsche
Wogen schon immer mehr
Als meine,
Und Wogen sind es,
Die mich raustreiben lassen
Auf das offene Meer,
Wo deine Wellen mich verschlingen;
Meine Insel
War schon immer nur
Eine Illusion.

Alte Sorten

Der braun lackierte Küchentisch
Wackelt in meiner Erinnerung
Und knarzt
Wie das alte Laminat,
Das sich in den Himmel wölbt,
Aber nur in den Ecken,
Schwarz gefleckt;
Auf dem braun lackierten Küchentisch
Stehen oft Blumen in meiner Erinnerung,
Tulpen, denke ich, öfter als andere,
Mag ich sie deshalb so sehr?
An dem braun lackierten Küchentisch
Gibt es häufig Pfannkuchen,
Ich erinnere mich an Nuss-Nougat-Creme
Und Brezeln,
Für mich ganz ohne Salz;
An dem braun lackierten Küchentisch
Gibt es immer einen Platz für mich,
Denke ich,
Denn manchmal war ich die Einzige,
Die daran saß;
An dem braun lackierten Küchentisch
Haben wir Marmorkuchen gegessen,
In meiner Erinnerung
War er voll mit Geschenken;

An dem braun lackierten Küchentisch
Sind Kerben und Kratzer,
Einige tiefer
als andere,
Spuren,
die wir hinterlassen haben,
Auch auf uns;
An dem braun lackierten Küchentisch
Werden alle Sorten an Gesprächen geführt,
Die meisten bringen mich zum Weinen;
Jetzt
Bereiten alte Sorten
Den Weg für neue Sorgen.

Mehrparteienhaus

Es gab immer nur uns zwei;
Die Drei-Zimmer-Wohnung mit dem hellen Laminat,
Das sich schon an den Ecken gewölbt hat,
Ich weiß noch immer genau, wo ich hintreten muss,
Damit es nicht knarzt;
Die bunten Fliesen im Bad und die blaue Küche,
Du hast die Farbe gehasst;
Der Flur mit der Fotogalerie von meinem Leben
Und krakeligen Wachsmalstift-Zeichnungen,
Du hast sie alle aufbewahrt;
Es gab immer nur uns zwei,
Aber ich wusste,
Dass da noch jemand war,
Jemand, den du nicht gerne erwähnst,
Jemand, den du noch mehr hasst
als unsere blaue Küche;
Jemand, der mir trotzdem wichtig ist;
Die Drei-Zimmer-Wohnung mit den alten Möbeln,
einem Balkon,
eingegangenen Topfpflanzen und einem rosa Zimmer;
Die Farbe habe ich mal geliebt,
Jetzt ist sie meine blaue Küche;
Die Drei-Zimmer-Wohnung,
meistens nur ich,
Nach der Schule bis in den Abend,
Du,
erschöpft nach stundenlanger Arbeit;

Die Drei-Zimmer-Wohnung
Mit den schwarzen Flecken in den Ecken,
Mit den kalten Wintern unter drei dicken Wolldecken,
Die Dellen in den Wänden
In der Form von Türklinken;
Die Drei-Zimmer-Wohnung,
In der es immer zu laut war,
Selbst wenn du geschwiegen hast;
Die Drei-Zimmer-Wohnung,
die mein Zuhause war;
Jetzt hasse ich sie
Wie das rosa Zimmer,
Wie du die blaue Küche,
Wie du ihn,
Wie ich dich so lange.

Hermelin

Mein Herz,
Ein Rhythmus,
Fast wie
Das Getrippel,
Ein Orkan;
In meinen vier Wänden
Fühle ich mich allein,
Mache ich mich ganz klein,
Verstecke mich
Mal wieder
In mir,
Bis die Tür
In den Scharnieren wackelt,
Kracht,
Sie
Erneut
Wütend,
Stürmend,
In die Wand;
Die Klinke findet Heimat
In der Delle,
Exakt die gleiche Stelle
Wie letztes Mal,
Wie jedes Mal
Wütet der Orkan,

Aus wütendem Getrippel
Wird Stampfen,
Wird Ringen
Mit dem Atem
In meinen Lungen
Bin ich still,
Stumm;
Warum
Ist der Sturm
Noch immer
Zu laut,
Zu wahr,
Zu nah
Bei mir?
In meinen vier Wänden
Wird Verstecken
Zum Überlebenskampf;
Immer
Will ich
Vergessen,
Werde ich
Nie.

Dämonen

Und mit dem Schlag einer Tür
Bin ich wieder zurück an dem braunen Küchentisch,
Im Radio „Ich+Ich",
Du
Am Herd,
Der Geruch von Pfannkuchen in der Luft;
Und ich,
Wieder ganz klein,
Vier Jahre alt,
Sitze auf meinem Stuhl,
Als wäre er ein Thron;
Mit dem Schlag einer Wimper
Bin ich
Noch immer vier,
In meinem Bett in meinem gelben Kinderzimmer,
Versuche, kein Geräusch zu machen,
Während die Tränen salzige Spuren auf meiner Wange
Hinterlassen,
Deine rote Hand,
Finger für Finger,
Wütend auf meinem Bein,
Mit dem Schlag deiner Hand
Werden Tränen
Still geweint,
Immer lauter;

Mit dem Schlag der Uhr
Bin ich
17 Jahre alt,
Wieder zurück;
Noch immer
Der salzige Geschmack
Stummer Trauer
Auf meiner Zunge;
Mit dem Schlag meines Herzens
Bin ich
Endlich ohne dich
Bei mir.

Mirabellenzimmer

Irgendwo in zwölf Quadratmetern
Mit gelben Wänden
Verlor ich
Das Interesse an meinem Hüpfpferd,
Die Neugier,
Die mich dazu brachte,
An der halb geschlossenen Tür zu lauschen,
Den Gedanken,
Dass meine Bettdecke die Monster fernhält,
Das Gefühl,
Dass mein Zimmer ein Ort zum Lachen ist,
Und ein Elternteil,
Vielleicht sogar
Beide;
Irgendwann in zwölf Quadratmetern
Mit der Tigerente an der Wand
Fiel
Ich von meinem Hüpfpferd,
Die Welt vor meinen Augen in sich zusammen,
Und die Tür viel zu spät ins Schloss;
In zwölf Quadratmetern,
Hellgelben Wänden,
Einer Tigerente,
Einem weißen Bett,
Einer braunen Tür
Und einem großen Fenster
Verlor ich Vertrauen;

In meinen gelben zwölf Quadratmetern
Mit orangenem Fahrradhelm
Floss Meerwasser über meine Wangen,
Spülte das Salz den Verrat weg,
Kerbte tiefe Spuren;
Um die Erinnerungen,
Die mich heimsuchten,
Nicht mehr in meinen vier mal drei Metern,
Verstecke ich mich unter Decke Nummer zwei
In der Hoffnung,
Meine Dämonen finden mich nicht mehr,
Verfolgen nicht mehr die Spuren in meinem Herzen;
Vielleicht
Können die Tränen dieses Mal
Meine Trauer ertränken,
Damit ich nicht mehr ersticke.

Garten Eden

Und morgen
Werden die Blumen deiner Wut,
Blau, grün, lila und gelb,
Auf mir blühen,
Dann
Hast du den Garten,
Den du dir schon immer gewünscht,
Endlich bei dir;
Und bei mir
Die Hoffnung,
Vielleicht liebst du mich
Dann endlich so
Wie ich dich
Und du deine Veilchen.

Ich hab dich lieb

Manchmal wünsche ich mir,
Du wärest tot,
Dann wäre ich nicht mehr so ein schlechter Mensch,
Und du müsstest nicht mehr so tun,
Als würdest du mich lieben;
Manchmal wünsche ich mir,
Du wärst einfach weg,
Damit ich einen Grund hätte,
Dir hinterherzutrauern
Und bei dem Gedanken an dich zu weinen;
Aber du bist immer da,
Der lauernde Schatten in jeder Ecke,
Das Monster unter meinem Bett,
Und ich lebe weiter meinen Albtraum,
Weil ich weiß,
Dass ich undankbar bin,
Dass ich nicht das bin,
Was du dir gewünscht hast,
Dass ich dir nicht genug bin,
Dass meine Liebe nicht ausreicht;
Also brennt das Salz weiter
Tiefe Kerben in meine Wangen,
Weil du immer da bist,
Und ich mir wünsche,
Es nicht mehr sein zu müssen.

In excelsis deo

Engel lassen laut erschallen –
Und schallend landet deine Hand
Mal wieder auf mir,
Lässt mich deine Finger zählen,
Maßstab 1:1;
Kein Lobgesang für mich,
Nicht heute und nicht von dir,
Nie von dir;
Und tausendfach hallt deine Stimme wider,
Wütend, bis meine Tränen fallen,
Denn dann lässt du den Engel auf deiner Schulter gewinnen,
Aber entschuldigen tust du dich nie;
Und nie wird klar,
Ob der Engel eigentlich der Teufel ist,
Beide mögen mich nicht,
Mögen vieles nicht,
Nicht wahr?
Und wahr ist,
Dass du mal wieder
Meinen Tag dunkel gemacht hast,
Hast tausendfach geschafft,
Dass ich mich kleiner fühle,
Als ich bin;
Deshalb hier der Lobgesang,
Den du von mir erwartest,
Die Gloria,
Die deine.

Blasphemie

Große Worte verlassen deine Lippen,
Deine Stimme ein andächtiges Wispern,
Nur so laut,
dass ich sie höre;
Und ich höre sie,
Glaube an jedes einzelne deiner Worte,
Glaube sie so sehr wie du,
So sehr wie ich an dich,
Wie du an deinen Heiligenschein;
Sie sind wie ein Gebet
Und ich eine Gläubige
auf dem Weg zur Beichte,
Ich kann mich nicht von dir lösen;
Der Widerhall deiner Worte so durchdringend
Wie das Amen in der Kirche,
Und ich
In den Ketten deines Gottestums.

Angsthase

Manchmal suchen sie mich heim,
Folgen mir in den Schlaf,
Halten mich gefangen,
Lassen mich schreien;
Ich weiß,
Dass sie immer da sind,
Aber manchmal kann ich sie ignorieren,
Hoffen,
Sie zu vergessen,
Versuchen,
sie loszulassen;
Sie legen ihre kalten Hände um meinen Hals,
bis ich keine Luft mehr bekomme,
Bis mein Herz droht zu zerspringen;
Und ich falle
Ihnen zum Opfer
Durch die Zeit
In eine andere Welt aus Erinnerungsgeistern;
Der schale Geschmack von Angst vermischt
Mit dem Salz meiner Tränen,
Der Trauer um ein Leben,
Das hätte sein können,
Um ein kleines Mädchen,
Nur vier;

Ihre blonden Haare fallen mir ins Gesicht
Und der Traumfänger an meiner Wand verschluckt einen
Albtraumschrei im schützenden Schein des Nachtlichts;
Die Geisterhände um meinen Hals,
Das Phantomgewicht auf meiner Brust
Lassen mich fast die Gestalt im Schatten der Ecke vergessen,
Die sich voller Vorfreude die Hände reibt;
Albtraum bleibt
Für immer
Tagtraum.

Manege frei

Du bist der Puppenspieler,
Die unsichtbaren Fäden fest in deinen Händen,
Und ich tanze nach deinen Wünschen;
Ein Drahtseilakt auf den Seilen,
Die mich noch immer an dich binden,
Überlebensakrobatik im Zirkus meines Lebens,
Donnerndes Lachen in meinen Ohren,
Ich –
Allein in der Manege.

Bastelstube

Deine Emotionen
Schlagen keine Wellen
In mir;
Sie zerreißen den Horizont,
Sind Orkane in meinem Kopf,
Tsunamis aus eisigem Wasser
Auf meiner Haut,
Salzverkrustet;
Du
Hast schon wieder,
Erdbeben Stufe 12,
Einen Teil von mir
Abgebrochen,
Ein Stück Lehm
In deiner Hand.

Altes, neues Haus

Ich erinnere mich genau,
Weißes Papier auf braunem Tisch
In einem Wohnzimmer,
das weder deins noch meins war;
Ich sehe noch genau
Die Farbwellen vor mir,
Ein Regenbogen aus Wasserfarbe,
Glas verfärbt,
Ein buntes Wirrwarr,
Wie du und ich;
Das einzig Bunte in diesem Raum,
Schwaches Licht,
Lässt die Kerben in deinem Gesicht
Wie Schützengräben erscheinen,
Gezeichnet vom Kampf,
Den du täglich mit dir und mit mir führst;
Doch grüne Augen
Schauen mich noch immer glänzend an;
Ich weiß nicht,
Ob du weinen oder lachen willst,
Aber Wasserfarben malen auch mit salzigem Wasser;
Was ich weiß, ist,
Dass die Engel,
die du gemalt hast,
Mich immer an dich erinnern werden.

Traditionen

Als ich klein war,
Habe ich Weihnachtskugeln gesammelt,
Jedes Jahr eine;
Mein Favorit –
Ein Schweinchen im Tütü;
Ich weiß nicht,
Ob ich gerade diese ausgewählt habe,
weil sie rosa war
oder weil ich nichts lieber wollte,
Als Ballett zu tanzen,
Vielleicht auch einfach nur,
Weil die Kugel sie zum Lachen gebracht hat;
Das Schweinchen hing also immer
Gut sichtbar am Baum,
Und ich war glücklich,
Weil sie glücklich war;
Vor anderen tat sie immer so,
Als ob sie sich darüber ärgerte,
Aber ich glaube,
Das hat sie nur gespielt;
Ich glaube,
Sie wollte nicht zulassen,
Als nicht perfekt wahrgenommen zu werden,
Alles andere war ihr egal;

Als ich klein war,
War das unsere kleine Tradition,
Und die war mir wichtig,
Jedes Jahr zur gleichen Zeit
Schleppte ich Kisten und Kisten an Deko
Und verbrachte den gesamten Tag damit zu schmücken;
Weihnachten war immer besonders,
Das gute Geschirr,
Das Weihnachtsdorf und die weiche Watte,
Die aussah wie Puderschnee,
Wenn ich nur lange genug meine Augen zukniff;
Mein Adventskalender,
24 samtene Beutel,
Hingen hoch an einer Wand im Wohnzimmer,
Und jeden Morgen bin ich aufs Sofa geklettert,
Um eines davon zu öffnen;
Auch da hat sie gelacht,
Vor allem,
Wenn ich aus dem Sofa ein Trampolin gemacht habe,
Bis sie sich erinnert hat,
Dass ein Sofa teuer ist,
Dass es so etwas wie Manieren gibt,
Und dass ich mich nicht wie ein Kind verhalten soll;

Als ich nicht mehr so klein war,
Sind ihr die Kugeln runtergefallen,
Allesamt,
Sogar das Schweinchen im Tütü,
Sie meinte,
Die Kiste wäre nicht richtig zu gewesen,
Jede einzelne lag nun in Scherben;
Als ich nicht mehr so klein war,
Hörte sie auf, mir Weihnachtskugeln zu schenken,
Und als ich fast erwachsen war,
Holte ich manchmal,
Ganz vorsichtig,
Eine kleine Kiste hervor,
Und beim Anblick der zwei letzten Weihnachtskugeln
Konnte ich nicht anders,
Als zu weinen;
Und meine Trauer hinterließ Spuren,
Die mit dem zarten Glas und dem goldenen Glitzer
Noch immer
Um die Wette glänzen.

Christkind

Weihnachten ohne dich ist,
Es nicht zu schaffen, Kekse zu backen,
Ohne dass heiße Tränen meine Sicht verschleiern;
Weihnachten ohne dich ist,
Unter drei Decken zu frieren, anstatt die Heizung anzumachen,
Weil ich noch immer deinen Blick vor Augen habe, als du die
Rechnungen vor mir versteckt hast;
Weihnachten ohne dich ist,
Mich zu fragen, ob ich den neuen Pullover wirklich brauche
Oder ob es selbstsüchtig wäre, ihn mir zu wünschen;
Weihnachten ohne dich ist,
Noch immer jede Münze zu zählen,
Dreimal umzudrehen, obwohl ich das nicht mehr muss;
Weihnachten ohne dich ist,
Nicht mehr Angst zu haben, weil du mir erzähltest, Knecht
Ruprecht wollte mich mit seiner Rute holen kommen,
Ich war wohl zu unartig;
Weihnachten ohne dich ist,
Mich undankbar zu fühlen, vergessen, dass nicht mehr du
mich Erdrückst, sondern nur die Erinnerung an dich,
An eine Zeit, die mal war;
Weihnachten ohne dich ist
Vermissen, das gute Geschirr in der Hand zu halten,
verzierte Ränder unter meinen Fingern zu spüren,
Wenn ich dir sage, dass ich stark genug bin,
Um es zu tragen;

Weihnachten ohne dich ist,
Vermissen, das Weihnachtsdorf aufzubauen,
Puderweiße Dächer, kleine Häuser mit Lichterketten
Und Watte als Schnee;
Weihnachten ohne dich ist
Sehnsucht nach dir, deinem Lächeln, deinen Umarmungen,
Der Hühnersuppe und den Pfannkuchen nach der Kirche;
Weihnachten ohne dich bedeutet auch,
Keine Angst mehr davor zu haben, was kommt, wenn
Weihnachten vorbei ist, wenn dein Lächeln verschwindet
Und das gute Geschirr in Scherben auf dem Boden liegt;
Weihnachten ohne dich bedeutet,
Angst davor zu haben,
Weihnachten wieder mit dir zu erleben.

Zeitenwende

Irgendwann
Zwischen damals und heute
wurde aus „Hier ist mein Zuhause“
„Die Wohnung fühlt sich leer an“,
Aus Wachsmalbildern am Kühlschrank wurde Altpapier,
Aus Erinnerungsfotos im Flur
Still geweinte Tränen auf dem Weg zur Schule;
Irgendwann
Zwischen dort und hier
Wurde die Drei-Zimmer-Wohnung mit blauer Küche
Zu einem stillen Ort,
Einem einsamen Ort
Ohne lautes Stimmgewirr, dem Scheppern von Türen,
Geschirr und einer rauen Hand auf meiner Haut
Wurde dieser Ort mir fremd;
Irgendwie,
Zwischen Geburtstagskuchen im Bett und
Sonntagen auf dem Sofa,
Habe ich den Schmerz und die Angst verdrängt;
Eingemauert und zugeschlossen,
Den kupfernen Schlüssel zweimal im Schloss gedreht
Wie die Haustür;

Zweimal existiere ich,
Irgendwo
Zwischen gepackten Koffern
Und zerrissenen Postkarten
Habe ich einen Teil von mir zurückgelassen;
Jetzt,
Neben mir,
Bist nicht mehr du,
Ich lasse los.

Dachgeschoss

Ich und du und er

Falls es dir hilft,
Ich habe ihn kaum vermisst,
Du warst mir genug,
Aber anscheinend ich dir nicht.

Trauersucht

Ich suche
In Gedanken
Nach einem Ort
Weit weg von hier,
An dem ich bei dir sein kann,
Auch wenn ich
Kein „Du“ kenne,
Das mich liebt,
Lebe ich weiter,
Die Vorstellung von dir
In meinem Kopf.

Schweigen

Deine Stimme
Ein Sommergewitter
In meiner Brust,
Stille Tropfen
Auf meinen Wangen;
Und einmal mehr
Wird es Winter,
In einem Atemzug.

Marlboro

Grauer Qualm
Steigt vor mir auf,
Kommt von dir
Und diesem Ding,
Von dem du dein Leben abhängig machst,
Und meins;
Grauer Rauch
Macht es schwer zu atmen,
Schließt seine Schattenhand um meine Kehle
Und drückt zu, drückt ab,
Denn ich könnte auch tot sein;
Grauer Rauch
Steigt auf, auch aus einem Lauf,
Macht keinen Unterschied;
Beides glüht, glimmt, nimmt
So viel,
Mehr als es gibt;
Gibt es dir Genugtuung?
Macht es dich stark?
Emanzipiert dich das Gefühl,
Dein Leben,
Deinen Tod
In den Händen zu haben?

Leichtfertiges Schulterzucken,
Schultern zucken,
Auch
Wenn deine Lunge nachgibt,
Du nach Luft ringst,
Die du dir freiwillig nimmst;
Aber hey,
Immerhin wusstest du es ja,
Russisch Roulette mit deinem Atem,
Neue Form der Selbstfolter,
Selbstkontrolle,
Denn Kontrolle hast du ja;
Meinst du,
Entscheidest dich täglich dafür, sie zu verlieren,
Sie abzugeben,
Kontrollierter Selbstmord;
Und ich stehe da,
Gehe unter im Grau,
Der Nebel scheint vieles zu nehmen,
Auch deine Vernunft,
Schon lange aus dem Fenster geworfen;
Grauer Asphalt,
Grauer Himmel,
Graue Luft
Im grauen Auto,
Graue Augen
Erzählen, wie du jeden Tag den Teufel besuchst,
Immer mehr,

Immer länger,
Irgendwann,
Wenn die Glut ein letztes Mal erlischt,
Ausgedrückt auf dem grauen Asphalt,
Schwarzen Teer findet man auch in dir;
Ist es zu spät,
Gesellt sich das Grau deiner Augen
Zum Grau deines Grabsteins,
Feinster Granit;
Dein Leben
Nur noch eine Einbahnstraße
Richtung Friedhof,
Brennt die Flamme deines Feuerzeugs ein letztes Mal,
Erlischt,
Wie du;
Der letzte Rauch steigt auf,
Wenn die Kerzen auf deinem Grab ausbrennen,
Und ich kann wieder atmen.

Wir waren

Ich denke oft zurück an unsere Zeit,
Dein Mund verzogen zu einem Lachen,
So strahlend,
Dass ich bei der Erinnerung daran
Noch immer lächeln muss;
Deine Stimme etwas rau vom Reden,
Und ich hänge an deinen Lippen
Wie ein Ertrinkender an einem Stück Treibholz
Auf dem offenen Meer,
Das Land meilenweit entfernt,
Alles auf eine Karte gesetzt,
So war es immer mit uns;
Ich sehne mich nach Sicherheit,
Nach Heimat,
Doch du warst ein Abenteuer,
In dem ich mich zu gerne verloren habe,
Aber jetzt kehre ich heim.

Von mir, dir?

Ich hoffe,
Dich vergessen zu können,
Aber hinter jeder Ecke,
In jedem Blick,
In jedem Wort,
In dem Kaffee am Morgen,
In der Art, wie ich das „L“ schreibe,
In der Musik,
Die ich noch immer höre,
In diesem einen Blauton,
In dem Duft von frischem Apfelkuchen,
In den Zeichnungen an meiner Wand,
In meinen alten Fußballschuhen,
In meiner Art, Klamotten zu falten,
In meiner Lieblingsfarbe,
In meinem Spiegelbild,
Sehe ich nur dich.

Clean

Jetzt,
Wo deine Fesseln nicht mehr
Stahlschwer auf meinen Schultern liegen,
Suche ich verzweifelt nach ihrem Gewicht,
Sammle zersprungene Ketten
Stück für Stück in meinen Händen,
Lege sie mir um meinen Hals;
Ein funkelndes Diamantcollier
Bricht Licht in tausend Teile,
Wie ich mich immer wieder
Von dir hab brechen lassen,
Lasse ich die Ketten, wo sie sind,
Weil ich ihr Gewicht mehr vermisse
Als du mich.

Alt-Geist

Warum vergieße ich noch immer Tränen für dich,
Die keiner versteht,
Verstehen will;
Denn was warst du schon?
Eine Momentaufnahme,
Ein Tropfen im Meer,
Ein Blitzeinschlag,
Eine Sekunde,
Unbedeutend in der Masse,
Doch für mich
Warst du alles und nichts,
Denn eigentlich hatte ich dich nie wirklich;
Unsere Zeit war schon immer begrenzt,
Es konnte nur niemand damit rechnen,
Dass unser „Für immer"
Kürzer war
Als das der anderen;
Denn wer sind wir schon
Außer einem Moment,
Wenn der Zeiger einfach weiterläuft,
Dir hinterher,
Und ich noch immer da stehe,
Wo du mich zurückgelassen hast.

Stille Post

7000 Sprachen,
Doch deine kenne ich nicht;
Verstehe nicht,
Was du meinst,
Wenn du mir sagst,
Du liebst mich nicht,
Erkennst mich
Nicht mehr,
Nach all der Zeit,
Die du mir gesagt hast,
Du hörst mich nicht mehr,
Hörst nicht,
Wie ich rufe;
Schrei,
Weine
Deinen Namen
Im kreischenden Wind,
Höre ich
Die Stimmen in meinem Kopf klarer
Als deine,
Die ich schon lange verloren habe
Wie dich,
Und du mich;
Unsere Sprachen
Ein und dieselbe,
Jetzt so verschieden,
Wie wir es sind.

Kompass

Das Gift,
Das du mir Langsam
Vermachst,
Ist
Noch immer das deine;
Das Gift,
Das dir
Noch viel mehr bedeutet
Als ich,
Nimmt Mich
In seine kalten Arme,
Viel wärmer
Als
Deine
Umarmung;
Einengend
Deine Liebe Erstickt
Hoffnung im Keim,
Dein Lachen
Trotz Allem
Mein wahrer Norden.

Frage an dich

Drei Uhr nachts und ich weine deine Tränen für dich,
Weil es irgendjemand muss,
Wenn nicht du,
Dann ich,
Denn ich
Möchte dir helfen;
Weiß um das tonnenschwere Gewicht
Auf deinen Schultern,
Das meinem so sehr ähnelt,
Auch wenn du es mir nicht zeigen willst;
Doch du
Hast mal wieder keine Chance, es vor mir
Hinter deinen Mauern aus Glas
Zu verbergen;
Wie immer
Hoffe ich,
Dass du den Krieg in deinem Kopf gewinnst,
Den,
Von dem du niemandem erzählen willst;
Kannst
Du nur ein einziges Mal versuchen
Zu vertrauen?

Altglas

An deinen harten Worten
Zerbreche auch ich
Wie das Glas an der Wand;
Deine Hand noch in der Luft
Atmest du ein,
Atmest du aus,
Ich sammle währenddessen die Scherben auf,
Lege sie zu den anderen;
Ein Berg aus Glas,
Blau schimmernd,
Ist Monument und Andacht,
Angstblaue Wellen im wütenden Meer;
Und wir treiben weiter auseinander,
Der Strömung nach,
Die über meine Wangen rennt
Und an dem Beben meiner Worte bricht
Wie die Sintflutwelle über mir zusammen;
Nachts,
Wenn alte Geister jagen
Und mit gläsernen Dämonen
Scherben schaufeln,
Gehe ich unter in den Schreien,
Die mich nach unten ziehen,
Wenn die Dunkelheit mich verschluckt;
Die Luft sich mir verweigert
Und Albtraummonster meine Stimme klauen,
Bist das Wort auf meinen Lippen –
Du.

Mimik

Deine
Verzogen,
Verschwommen vor meinen Augen,
Verquollen
In dem Salzwasser der Tränen
Auf meinen Wangen,
Meinem Hals,
Deinem Mund;
Deine Mimik,
Verzogen;
Du
Schmeckst das Salz deiner Worte
Auf meinen Lippen.

Phasenlauf

Du bist perfekt,
Ist die einzige Wahrheit,
Die ich
Von dir
Kenne;
Du bist perfekt
Wie die Scherben auf dem Boden;
Das glühende Feuer
In meiner Brust;
Der stumme Schrei
Bricht mit scharfen Klauen
Aus mir heraus;
Sag mir,
Dass du
Noch immer
Die einzige Wahrheit bist,
Sonst bricht meine Welt;
Zerschlägst du mit Schlaghammerworten
Mein Haus mit dir aus Glas,
Das wie du;
Tiefe Wunden schneidet
Auch das raue Salz;
Auf meinen Wangen
Fließt die Trauer
In die Angst,
Dich zu verlieren,

Schnürt
Mit rotem Seil
Meine Luft ab;
Wann nimmst du mir auch
Meine Träume,
Die Idee
Von dir?
Weiß ich,
Die einzige Wahrheit
Ist
Nicht mehr
Deine.

Mutter, Vater, Kind

Erinnerungen an dich
Wie Spiel mit Feuer;
Kleine Kinder
Verbrennen sich an
Eiskalten Blicken;
Erinnerungen an dich
Wie Russisch Roulette,
Rendezvous mit dem Tod;
Mein Favorit,
Erinnerungen an dich
Im Sekundentakt;
Wenn ich sterbe,
Streichst du rosa Kinderzimmer
Alpinweiß;
Erinnerungen an dich
Bedeuten, dass
Graue Augen und ich
Für dich
Nie existierten.

Holzhaus

Elefantentränen

An dich
Habe ich keine Erwartungen,
Nicht mehr;
Vielleicht
Versteht auch mein Herz
Irgendwann,
Und das nagende Gefühl
In meiner Brust
Verschwindet
Wie du.

Festung

Ich bin eine Festung,
Ich habe Mauern gebaut,
Die mich beschützen,
Habe Schützen,
Die jeden besiegen,
Der mir zu nahekommt;
Und ich habe einen Kerker,
In dem ich Dinge wegschließe,
Die mich verletzen,
Mir Angst machen;
Ich bin eine Festung,
Weil ich es sein musste,
Weil ich ihren Schutz brauchte;
Ich habe mir Mauern Stein um Stein aufgebaut,
Jeden Pfeil und jeden Bogen geschnitzt,
Und bin zum Kerkermeister geworden,
Ich habe lange Zeit damit verbracht,
Diese Festung zu werden;
Jetzt,
Wo ich keine mehr sein muss,
Weiß ich nicht,
Wie ich die Mauern wieder einreißen kann.

Fensterscheibenkino

Warum habe ich,
Fast erwachsen,
Nach all der Zeit
Noch immer das Bedürfnis,
Dir,
Längst verloren,
Von jedem Heißluftballon,
Bunte Flecken am blauen Himmel,
Zu erzählen?
Meine Hand,
Jetzt größer,
Schmaler,
Schon ausgestreckt,
Sucht dich,
Deine Wärme
Vergebens;
Jetzt,
Alleine,
Mal wieder
Ein trauriges Lächeln
Auf meinen Lippen,
Meistens rot;
Der Heißluftballon
Ein entfernter Punkt,
Ganz klein,
Wie ich,
Noch immer.

Taubenflug

In meinen eigenen vier Wänden
Hat alles seinen Platz,
Auf den Millimeter genau ausgemessen,
Meine ganz eigene Ordnung;
In meinen eigenen vier Wänden
Hatte ich schon immer meine eigenen Regeln,
Harte Linien und Kanten
Zeichnen meine ganz persönliche
Generalstabskarte
Im Krieg gegen alles,
Was ich nicht verstehe;
In meinen eigenen vier Wänden kämpfe ich
Eher mehr als weniger,
Auch gegen mich selbst;
In meinen eigenen Gedanken
Hat alles seinen Platz,
Auf den Millimeter genau
Ist alles dort,
Wo es sein soll;
In meinen eigenen Gedanken
Hatte ich schon immer meine eigenen Regeln,
Klare Grenzen und messerscharfe Kritik;
In meinen eigenen Gedanken
Herrscht Krieg,
Und warum auch nicht,

Denn in unseren vier Wänden
Hast du mich bekämpft,
Während ich eine weiße Flagge
Mit mir rumgetragen habe,
Ohne überhaupt zu wissen,
Was sie bedeutet;
Ja, in unseren vier Wänden
War Krieg,
Unsere Gewehrkugeln Worte,
Unsere Panzer wir
Und unsere Bomben jede Tür,
Die gegen Wände und in den Rahmen schlug;
In unseren vier Wänden
Habe ich gelernt zu überleben,
Bevor ich überhaupt laufen konnte,
Wusste ich,
Was Hände anrichten können,
Wenn sie von Emotionen geführt werden;
In deinen vier Wänden
Hast du getrauert,
Deine vier Wände
Waren eine Geisterstadt,
Unsere vier Wände
Hast du zu Trümmern gemacht;
Meine eigenen vier Wände
Bleiben ganz,
Zerstören tu ich nur mich,
Oder wie geht überleben?

Zukunftstränen

Zukunft ist jetzt
Und jetzt bin ich verloren,
In der Zeit,
In mir,
In dem Chaos,
Das mein Leben ist;
Zukunft bin ich,
Bist du,
Sind wir?
Nicht mehr;
Du,
Meilenweit entfernt
Auf einem anderen Stern,
Nicht mehr in der Wohnung mit dem hellen Laminat,
Gewölbt in den Ecken,
Mit mir;
Ich wünsche mir eine andere Zeit,
Weine rote Tränen,
Trauere ihnen hinterher,
Und einer Zeit,
Die nie war,
Die hätte sein können,
Nicht sein sollte;
Zukunft ist mit dir
Gewesen,
So wie ich immer mit dir war,
So weit weg von mir und doch so nah;

Du
Noch immer in einer längst vergessenen Zeit
Ohne mich,
Kannst mich nicht loslassen,
Willst mich vergessen
Und ertränken in meinen Tränen,
Deiner Wut
Und deiner Einsamkeit
Wie meine,
Als es noch ein „Uns“ gab;
Ich,
Jetzt nicht mehr bei dir,
Weit entfernt
In einer anderen Zeit;
Zukunft für mich
Ist ein Leben ohne dich.

Reflexion

An manchen Tagen, denke ich,
Hasse ich endlich dich
Mehr als mich;
Doch wenn ich in den Spiegel schaue,
Erkenne ich,
Dass ich,
Imperfekt,
Immer nur perfekt meine
Statt deine
Fehler sehe.

Herzfrage

Mein Leben deins,
Deines nur dir;
Ich allein,
Obwohl du bei mir
Bist;
Du verloren
Wie ich
In dir?

Neujahr

Und mit dem Schnee
Fiel meine Festung,
Meine Mauern,
Stein für Stein in sich zusammen,
Hinterließ Ruinen,
Scharfe Kanten
Und eisige Räume,
Das Dach zerfallen,
Die Fenster in Scherben,
Fein wie die Schneeflocken,
Die sich eine nach der anderen
Auf mir absetzen;
Auf meinen Wangen
Spuren aus Eis und
Erschöpft lasse ich mich
Auf dem schneebedeckten Boden nieder;
Hellbraunes Laminat,
Gewölbt und gebrochen,
Erinnert noch immer;
Und noch immer sitze ich
In den Ruinen von dem,
Was einmal war,
Und wünsche mir nichts lieber,
Als dass jede einzelne Mauer
Wieder meterhoch über mir aufragen würde,
So wie es schon immer war.

Aber ich sitze weiterhin hier,
Festgefroren,
Und habe Angst vor dem,
was draußen auf mich wartet;
Also bleibe ich
Hier,
Auf dem kaputten Laminat,
Das mir zu viel bedeutet,
Weil ich es nicht anders kann,
Weil ich es nicht anders können möchte.

Zurück in die Zukunft

Wo bin ich,
Wenn nicht hier,
Wenn nicht zwischen Büchern und Hausaufgaben,
Füller oder Kugelschreiber,
Kaffee am Morgen,
Milch oder Zucker,
Und Abendbrot am Küchentisch,
Braun lackiert oder doch lieber weiß?
Nicht mehr in quadratischen Räumen,
Weiß, gelb oder grün gestrichen,
Der Grabstein John Maynards auf der Fensterbank;
Wo bin ich,
Wenn nicht mehr hier
Bei lautem Lachen und schriller Glocke,
Bei Pommes mit Mayo oder doch lieber Vanilleeis?
Wo bin ich,
Wenn ich nicht mehr entscheiden muss,
Ob kariert oder liniert,
Rot oder Blau,
Machen wir das dann immer noch
Oder kennen wir uns nicht mehr,
Denn wer bist du eigentlich,
Und wer bin ich,
wenn mein Tag nicht mehr von 6 bis 3 geht,
Sondern eher von 9 bis 5
Und die Farbe meines T-Shirts egal ist,
Weil mein zwei mal zwei großer Lebensraum nur einen
Schreibtisch beinhaltet

Und andere Menschen doch sowieso zu viel Zeit
beanspruchen?
Wo bin ich,
Wenn nicht mehr hier,
Nicht mehr bei dir
Oder bei mir?
Denn wer bin ich,
Wenn nicht das hier?

Donnerwetter

Die Stimmen in meinem Kopf
Ein ständiges Blitzgewitter;
Donner hinter meinen Augen,
Elektrisches Knistern in meinen Ohren,
Der Einschlag in meiner Brust
Und der Widerhall in meinen Knochen;
Dein Donnerwetter in mir
Bleibt für immer.

Spiegelgedanken

Lachen verschwimmt
Wie Aquarell im Nebel,
Gedankenhagel
Macht Atmen schwer und zäh,
Honig auf meinen Augen
Zieht Blicke an wie Bienen,
Einer auf jeder Kontur von mir;
Und Linien wie Blitze zeichnen nackte Haut,
Spalten sie in alt und neu,
Bahnen sich wie salziges Wasser ihren Weg
Über Hügel und Berge hinweg;
Flaches Land nur in meinen Träumen,
In denen Milch alles ersetzt,
Was dunkel auf mir liegt,
Und Flutwellen aus Salz
Mich nicht mehr in den Schlaf singen;
Honigverklebte Augen
Sehen Klippen,
Wo mal Wiesen waren,
Und weinen,
Denn Milch und Honig
Zeichnen nicht nur das Paradies,
sondern jeden Zentimeter,
Der ich bin,
Bis alles,
Was ich sehe, tränennass ist;
Vielleicht kann ich mich endlich lieben,
Wenn ich nichts mehr von mir sehe.

Peter Pan

Weil Zukunft ohne dich nicht geht,
Gehe ich,
Wie du vor so vielen Tagen,
Fort von hier,
Nimmer mehr zurück
Zu mir;
Weil alt werden ohne dich keinen Sinn ergibt,
Werde ich
Immer
Bleiben wie jetzt;
Weil dieser Ort ohne dich nicht ist,
Was er war,
Bin ich jetzt fremd,
Wie er mir
Und du dir
Immer warst,
Deshalb fliehe ich,
Nun endlich
Weit weg,
Vorbei am zweiten Stern rechts,
Geradeaus,
Bis der Morgen anbricht,
So wie meine Zeit
Ohne dich.

Fensterglasgedanken

Fliegen Sommerwolken
Nun ganz sacht
An uns vorbei,
Gelbe Sonnenstrahlen
Durchbrechen
Nicht nur sie,
Auch uns,
Und unsere Mauern aus Furcht
Ganz leicht;
Vielleicht
Sind wir
Unbeholfen,
Kleine Kinder,
Stolpernde Schritte;
Tun auch wir
Etwas Neues?
Zerbrechliche Zweisamkeit,
Kristallglas in unseren Händen,
Nicht mehr zwischen uns;
Uns
Sehen wir
Hautnah

Gedankenlieben

Tagtraum waren nicht nur du und ich,
Tagtraum waren Regenspaziergänge unterm Blätterdach,
Gitarrenmusik am Lagerfeuer,
Stockbrot und der Weißwein deiner Mutter,
Nur geborgt,
Sternenklare Nächte und Nebeltage,
Geschichtenpaläste,
Augen schwer vom Schlaf,
Die Nacht zu warm,
Zu wahr;
Tagtraum waren du und ich
Wie immer,
Nie wieder;
Tagtraum ist
Wahr,
War Traum von dir und mir,
Gemeinsam
Im Apfelbaumschatten;

Tagtraum war schon immer Realität,
Die Wahrheit,
Das Gewitter an heißen Sommertagen,
Frisch gebackene Kekse und Puderschnee,
Die Eisluft im Dezember,
Unser Atem klar vor unseren Augen,
Unsere schmerzenden Lungen,
Gefrorene Tränen auf unseren Gesichtern,
Die Stimme noch rau vom Lachen,
Maiglöckchen im Frühling,
Die Pfingstrosen in deiner Hand;
Tagtraum, endlich, für immer.

Phi

Zu schön,
Um wahr zu sein,
Warst du,
War das mit uns,
Schon immer;
Und immer
War das mit uns,
So wie du,
Zu wahr,
Um schön zu sein;
Aber auf Papier
Träume ich
Noch immer
Nur von dir;
Zu schön,
Nicht wahr?

Narrenspiel

Ich gehe
Und der Himmel weint,
Weil du und ich
Mal wieder nicht funktionieren;
Wenn der Regen in Strömen fällt,
Falle ich
Immer weiter
In die Gleichgültigkeit;
Weil ich und du
Nichts sind
Außer
Hoffnungslos.

Märchenstunde

Ich hab neulich geträumt von einer Utopie,
In der du mich liebst,
Wie ich dich geliebt habe,
In der deine Umarmungen nach Pfannkuchen schmecken,
Für dich ganz ohne Zimt;
Ich hab neulich geträumt von einer Utopie,
In der du mich magst,
Weil ich ich bin,
In der es jeden Tag Apfelkuchen gibt
Und Vanillesahne
Auch ohne blaue Küche;
Ich hab neulich geträumt von einer Utopie,
In der wir nicht mehr streiten,
In der wir nicht verhandeln um deine Zeit,
In der du mich liebst,
Auch wenn ich dir nichts geben kann;
Ich hab neulich geträumt von einer Utopie,
In der es nur dich und mich gibt,
Wie früher,
Aber ohne ein „Uns“,
Das war immer so einsam;
Ich hab neulich gelebt in einer Welt,
In der du mir mehr bedeutest,
Als ich mir selbst,
Ganz ohne Utopie;
Vielleicht
Fehlt uns einfach Omas Pfirsichtorte.

Zimmer für zwei

Dünen-Feuer

Im grauen Rauch
Aus glühendem Atem
Zünden Feuerzeuge
Auch Träume an;
Im Vodka-Cola-Rausch
Fallen Tränen wie Hüllen
Und Asche in den kalten Sand;
Sind Könige der Welt
Auf dem offenen Meer,
Ganz ohne Schiff
Taumeln wir über Grenzen
Und Zäune in Holunderbüsche,
Rote Wangen brennen um die Wette
Mit dem Feuer in unseren Augen
Und der Zigarette in deiner Hand;
Candlelight-Dinner mit dem Tod
Hat sich nie so lebendig angefühlt
Wie drei Uhr nachts
Zwischen Schaukel und Parkbank,
Als Leben war,
Auf unseren Gräbern zu tanzen.

Crimée

Erinnerungen haben noch nie so süß geschmeckt
Wie wir an Mittsommer,
Ganz klein in der großen Stadt,
Tanzen uns durch Asphalt und Lichterketten
Und Klavieren auf Brücken,
Schwimmen durch Menschenwellen
An das Ufer aus Schokoladen Eclairs,
Bis eine einsame Gitarre uns in den Schlaf singt,
Sammeln Cocktail-Schirmchen wie Momente,
Von denen es zu viele auf einmal gibt,
Und treiben im Leben,
Scheitern beim Karten lesen
Und verlieren uns im Niemand-sein,
Sehen die Welt durch Kameralinsen,
Wollen nichts vergessen,
Verlieren;
Bevor wir es überhaupt greifen können
Lassen wir das Morgen Morgen sein,
Spüren Lachen auf unserer Haut wie Regentropfen
Unter Buntglasdächern und dem Himmel,
Der uns in tausend Farben zeichnet,
Erinnerungen haben noch nie so süß geschmeckt
Wie wir an Mittsommer,
Als wir der Sonne nachjagten
Bis zum Herz der Welt,
Wo Leben leichter war.

Kein Trauerfeierlied

Leben schenkt mir
Zitronenfalter ein,
Lässt süß-saures Lachen
Hinter meinen Augen klingen,
Verliert kohlweiße Sterne
Im sonnenblauen Himmel;
Während du und ich
Gänseblümchen jagen,
Tanzen Sonnenstrahlen
Und wir kleine Kreise
Im grünen Meer,
Wo Knie sich in Erde
Und Erdbeeren vergraben;
Schönheit blüht kirschrot
Wie Marmelade im Juni,
Lagerfeuer im Sommer,
Wo Drachen zwischen hellen Zelten
Und roten Rosen lauern,
Die noch immer regnen,
Auch wenn dein Atem nicht mehr nach
Rosmarin und Nelken schmeckt,
Gehen wir
An Brombeersträuchern vorbei
Den Bach runter.

Himbeerbrause

Vielleicht verliebe ich mich
Für einen einzigen Tag auch in dich
Für mich,
Damit ich,
Für einen einzigen Tag
Spüre, wie Schmetterlingsflügel
Und Herzen flattern
Im Wind;
Haare verweht,
Mein Kopf verdreht,
Nicht mehr so verkorkst,
Verkopft,
Verloren fühle ich mich immer;
Aber vielleicht,
Für einen einzigen Tag,
Spüre ich
Knisternde Brause auf meiner Zunge,
Süße Sonnenstrahlen,
Vielleicht
Finde ich mich
In deinen Augen wieder,
Wieder stehe ich
Alleine vor dem Spiegel,
Drehe mich um,
Lieben,
Tu ich mich nur,
Wenn Lachen wie Brause
Auf meiner Zunge knistert.

Liebesbrief

Schmetterlinge im Herzen
Flattern wild umher,
Chaos,
Ein Gedankenkarussell,
Gefärbte Wangen
Und Lippen;
Küss mich doch
Und lass uns schauen,
Was die Zeit uns bringt,
Vielleicht
Sind du und ich
Wie die Worte auf meiner Zunge,
Verworren,
Mit deinen
Ineinander verzweigt,
Schlagen Wurzeln,
Während Schmetterlinge
Mein Herz mit Flügeln,
Saltos schlagen.

Station Abbesses

Wie Sekundentod
Bleibt mein Herz
In Hektik und Zeitdruck
Hängen,
An blauen Augen
Zwischen Weiß und grünen Fliesen
Sucht mein Blick nach dir,
Montmartre war Eintagsliebe,
Wie du,
Und mein Herz schlägt
721 Kilometer weiter
Für den Augenblick,
In dem blaue Augen
Auch mich einmal sehen.

Eintagsliebe

Rote Lippen
Hinterlassen Spuren
Am Glasrand,
An weißen Zähnen
Und auf dir,
Rote Lippen finden immer wieder
Zu dir zurück,
Wissen nicht warum,
Wissen nichts,
Außer
Dass sie bei dir schöner waren,
Wenn sie lächelten;
Lachen tun sie auch jetzt,
Doch rote Lippen beben nicht mehr,
Nicht mehr so wie bei dir,
Nachdem sie nicht mehr lächeln konnten,
Wollten,
Weil rote Lippen die einzigen waren,
Die sich bewegten;
Bewegen tun sie sich auch jetzt,
Jetzt,
Auch alleine,
Fühlen rote Lippen mehr
Als mit dir;

Vielleicht haben sie zu sehr gewünscht,
Du würdest sie wieder zum Lachen bringen,
Vielleicht haben sie sich nur vorgestellt,
Sie würden dich mögen,
Weil rote Lippen gemacht sind zum Küssen.

Clères

Und wie ich zum ersten Mal
Meinen Horizont erweiterte,
Mich löste von irrationalen Bedenken,
Mich auf Neues einließ;
Wie wir gemeinsam einschliefen,
Nachdem wir stundenlang
Miteinander geredet hatten,
Geredet über Gott und die Welt,
Von der es noch so viel zu sehen gibt,
Von der wir endlich etwas sahen,
Etwas mehr als das Alt-Bekannte;
Klippen-Springen und Straßen-Wandern,
Weltenbummeln hinterm Horizont.

Samstagnacht

Es war schon dunkel,
Als wir nach Hause gingen,
Graue Straßen,
Gesäumt mit Bäumen aus Beton,
Erhellt vom Schaufensterlicht,
In der Ferne Motorengeräusche
Und lautes Gelächter;
Du schaust auf die Uhr
23:57
Wir taumeln weiter,
Betrunken vom Leben
Und saurem Apfellikör;
Die Bar an der Ecke spielt „Voulez-Vous"
Und wir tanzen im Licht der Straßenlaternen,
Stolpern über die Verse
Bis hin zum Refrain,
Fast von unserem Lachen übertönt;
Du schaust wieder auf die Uhr
1:01
„Du darfst dir was wünschen"
„Kann ich nicht, hab schon alles"

Geistertanz

Wispernde Gedanken
In meinem Kopf
Spielen Ringelreihen
Zum Walzer im Wind,
Wenn wir uns nie wiedersehen,
Bleiben mir wenigstens
Die Erinnerungen
An den Maitag
Im letzten Winter

Inhaltsverzeichnis

Dachgeschoss

Holzhaus

Dann denkt mal,
Denkmale!
Mama, Papa –
Danke, dass ich kein
Nazi bin!
Herausgegeben von
Anna Hackstedt
Friedrich Barklage,
Maria Buchtijarova
Dora Drescher, Paula
Frieling, Neo Götting,
Anna Hackstedt,
Aleyna Köybasi,
Amelie Kröger,
Madlen Kunz, Jolin
Meinecke, Paulina
Miersch,
Felix Nienaber, Lara L. J. Robbers,
Fenja Steinkamp, Amanda Wurm
Geest-Verlag 2024
SBN 978-3-86685-952-4
156 S., 10 Euro

Das Erstarken antidemokratischer rechter Gedanken ließ in der Schreibwerkstatt des Gymnasiums Antonianum in Vechta die Idee entstehen, einen Band von den jugendlichen Autor*innen und Freund*innen zu dieser Prob-lemlage zu verfassen. Dazu gehörte unter anderem, dass einige der Jugendlichen auf einen Wochenendworkshop in die Gedenkstätte Ravensbrück (ehemals Frauenkonzentrationslager und Jugendlager

Uckermark) mitfuhren und dort eine intensive Auseinandersetzung mit dem mörderischen Tun im Nationalsozialismus führten. Andere Texte entstanden im Rahmen einer schulischen Schreibaktion, einige in der wöchentlichen Schreibwerkstatt oder auch daheim.
Eine Textsammlung, die anderen Jugendlichen und Erwachsenen Ansätze zur Auseinandersetzung in Schule, Freizeit, Verein und in der Familie bietet. Demokratie, so ein wichtiger Grundgedanke, entsteht am Küchen-tisch. Und so haben die Jugendlichen wirklich voller Dankbarkeit den Titel dieses Buches ihren Eltern und anderen Erwachsenen gewidmet, dafür, dass sie vom rechten, antidemokratischen Gedankengut verschont blieben.

Buntglasschatten

Dora M. Drescher
Neo Götting
Inga Hagemann
Despoina Aisin Kelertzi
Tilda Kolhoff
Aleyna Köybas
Lara L. J. Robbers
Lina Weigel
Amanda Wurm

ISBN 978-3-86685-941-8
ca. 160 Seiten
12,50 Euro

Brücken bauen aus Buntglas,
Brücken bauen über Schatten.
Was umgibt uns?
Was ist das Kleine, das uns groß erscheint
und das Normale, das eigentlich so abstrus?

Neun junge Autorinnen und Autoren widmen sich diesen Fragen in eigenen Texten und Illustrationen, in den letzten zwei Jahren im Rahmen der „Schreibwerkstatt" des Gymnasiums Antonianum entstanden. Auf ganzer Bandbreite wie Farbpalette wird ein Bild des Lebensalltags gemalt- wie die Autoren sie wahrnehmen und wir alle sie erleben. Und doch steht zwischen den Versen und Zeilen nichts Banales, werden Menschen im forensischen Blick durchleuchtet und dann doch warm gezeichnet.